www.ingramcontent.com/pod-product-compliance
Lightning Source LLC
Chambersburg PA
CBHW031501210526
45463CB00003B/1018
* 9 7 8 1 7 1 1 3 0 1 8 0 8 *